AF509782

METAMORPHOSE
DE GOMOR
EN MARMITE.

Né pour Marmite.

METAMORPHOSE
DE GOMOR
EN MARMITE.

EN fin depuis six mois, les excez de la table
Auoient faict de Gomor vn spectre épouuantable ;
Son visage tout haue, & ses yeux tout ardens
Monstroient assez quels maux le gesnoient au dedans ;
Vne hydropique soif jointe à sa faim canine
L'obligeoit desormais à garder la Cuisine :
Mais en vain il beuuoit, mais il mangeoit en vain,
Rien ne pouuoit chasser ny sa soif ny sa faim ;
Tout son corps demeuroit sans prendre nourriture ;
Ses bras estoient deux os dénuez de charnure,
Et chacun de ses pieds, par vn effet nouueau,
Paroissoit aussi sec & menu qu'vn fuseau ;
Son ventre seulement en cet estat funeste
Croissant de iour en iour engloutissoit le reste ;
En fin vne humeur acre en son foye alteré,
Alloit le menassant d'vn trépas asseuré,

A

D'vn trépas dont deſja ce corps demy-ſquelette
Entendoit la ſentence aſſis ſur la ſellette,
Courbé ſur vn baſton, qui luy ſeruoit d'appuy
Contre l'odeur du pot qui l'entraiſnoit à luy:
Il cauſoit toutesfois, & ſa langue hardie
De ſon eſprit auſſi marquoit la maladie:
Car ſi le corps eſtoit trop ſec & bourſouflé,
L'eſprit eſtoit auſſi trop ſec & trop enflé;
Il ſe teſmoigna bien ce Goinfre tout hectique,
Lors qu'il tint ce diſcours ſi plein de Rhetorique,
Deuant vn ieune gars, qui deuint, ce dit-on,
De Cuiſtre aſſez ſçauant, tres-ſçauant Marmiton.
    Autrefois Promethée ayant à donner l'eſtre
A l'homme, l'abregé de tout ce qu'on voit naiſtre,
De tous les animaux quelque choſe emprunta,
Et la faim d'vne Louue en noſtre ſein planta;
Enquoy certes luy-meſme il ſe prit pour modelle,
Luy-meſme eſtant rongé d'vne faim eternelle;
C'eſt pourquoy l'on feignit qu'vn affamé Vautour
Rongeoit ſes inteſtins & de nuict & de iour,
Non pour le feu du Ciel qu'il vola comme on penſe,
Mais pour ce feu du Ciel qu'il eut à ſa naiſſance:
Car ce premier mortel fut du Ciel tant aimé,
Que de la main des Dieux il fut luy ſeul formé:
Contre ces maux pareils aux maux de Promethée,
La Cuiſine iadis fut fort bien inuentée;

Et c'est vne plus noble & plus iuste action
De trauailler soy-mesme à sa protection,
Que non pas de songer seulement à défaire
L'homme que la nature auoit fait nostre frere:
De là vient que l'on dit que tous ces grands Heros
Estoient de grands disneurs & grands vuideurs de pots,
Et donnoient mieux encore & d'estoc & de taille
Au milieu d'vn repas, qu'au fort d'vne bataille;
De là vient qu'ils sçauoient auec les mesmes doigts
Escurer la Marmite & fourbir le harnois:
Marmite qui du Ciel a pris sa forme ronde,
Sous qui, comme sous luy, la flamme est vagabonde:
Ceste flamme l'embrasse & ne l'embraze pas,
Marmite dont en fin vn guerrier fera cas:
Aussi, comme on a dit, il n'est pas moins loüable
De rendre vne Cuisine aux amis agreable,
Que de faire qu'vn camp remplisse de terreur
Ceux contre qui Bellone émeut nostre fureur;
En effet la Cuisine a quelque ombre de guerre,
Mais l'vne nous releue & l'autre nous atterre:
De gentils Marmitons luy seruent de Goujats,
Elle a pour morions & les pots & les plats,
La broche est son espée, & d'vne lichefrite
Elle fait son bouclier, ces gros ventres d'élite
Ce sont ses bastions, & pour tout dire en peu,
Comme Mars elle employe & le fer & le feu:

Mais pour nous reparer, non pas pour nous destruire,
Pour vaincre vn ennemy qui ne cesse de nuire,
Cet ennemy secret, & ce monstre obstiné
Qui campe au sein de l'homme aussi tost qu'il est né :
Elle sert mesme à Mars, & remplit de courage
Tous ceux qu'elle remplit, & leur fait faire rage :
C'est la soupe, dit-on, qui fait le bon Soudard,
Et Soudard mesme sonne ainsi que sou de lard :
Et non pas seulement la Cuisine & la gresse
Inspirent dans nos corps la force & l'alegresse ;
Elles rendent de plus la premiere vigueur
A l'esprit que le ieusne auoit mis en langueur.
Dans Homere iamais le valeureux Achille
Ne va bien à l'assaut, & ne bat bien la ville,
Qu'auparauant, le Poëte en quelque grand festin
Chez vn de ses amis, n'eust faict la Sainct Martin ;
Autrement eust-il eu le sçauoir ny l'audace
D'échauffer vn Achille & le voir face à face ?
Il faut pour faire bien, auoir dit Euohé,
Le braue Horace est saoul alors qu'il chante Ohé ;
Et d'où penseriez-vous que vient le nom d'Ouide ?
C'est ainsi iustement que qui diroit os vuide
Par certaine antiphrase, & pour nous faire voir
Que sur la bonne chere il fondoit son sçauoir :
Il n'en fut pas ainsi du bon homme Virgile,
A qui le Mardy gras sembloit vne vigile ;

Quel festin fait-il faire au fils de son Heros?
I'en ay rougy cent fois, il ronge iusqu'aux os,
Il luy fait ramasser iusqu'à la moindre miette,
Et mesme, chose estrange, aualer son assiette:
Et ces pauures Troyens qui n'ont beu que de l'eau,
Comment les traite-t'il? à chaque Grand Vaisseau,
Il fait qu'on leur enuoye vn Cerf pour tout potage;
Mais vn Cerf par hazard trouué sur le riuage,
Encore l'on ne sçait comment on le trouua,
Car l'Afrique, dit-on, iamais n'en éleua:
Mais passe pour cela, si ce melancolique
N'eust fait d'vne Didon, vne veufue impudique,
Elle qui mieux aima mourir de son cousteau,
Que d'vn second hymen rallumer le flambeau:
Impudique, pour qui? pour ce Coureur d'Enée,
Dont en moins de six iours elle est abandonnée,
Iuppiter conseillant luy-mesme vn si beau tour
Par ce voleur parfaict, ce Courratier d'amour,
Ce Mercure qui loin d'aller droict à Carthage,
Afin de s'acquitter d'vn important message,
Comme vn ieune frippon qu'on void aussi tost las,
S'amuse & reprend vent dessus le mont Atlas:
De semblables erreurs est si farcy son liure
Que ie ne sçay comment son nom a tant peu viure;
Entr'autres celle-cy, qui vient de mon esprit,
Et que i'ay bien notée en mon vieux manuscript,

M'a semblé de tout temps digne d'estre bernée,
C'est le beau changement des nauires d'Enée;
Grande Metamorphose, & non veüe autrefois,
Des femmes se tirer d'vne piece de bois,
Des ouurages de l'art fournir à la nature
Des Nimphes dont la forme est si belle & si pure;
Apres vn changement par luy si mal trouué
On peut sans imposer dire qu'il a resué.
O bonne chere donc de quels mots assez dignes
Se peut-on reuancher de tes faueurs insignes!
Par toy tout est facile, & par toy tout nous rit,
Tu nous donnes le ventre, & le ventre l'esprit:
Aussi quiconque est pris de ton amour diuine
N'a plus rien desormais qu'à hanter la Cuisine,
Cuisine l'Arsenal du salut des mortels,
Cuisine où pour encens, comme sur les autels,
Fume deuers le Ciel vne vapeur épaisse,
Dont les Dieux vont humant la plus subtile graisse;
Cuisine en fin qui mesme aux sciences prend part:
De la Geometrie elle sçait l'ordre & l'art,
Elle dispense tout d'vne main mesurée,
Elle sçait ce qui naist dedans chaque contrée,
Cognoist les qualitez & du froid & du chaut,
Celles de la laictuë auecques l'artichaut,
Sçait la proprieté de la moindre racine,
Mesme n'ignore pas iusqu'à la Medecine,

Ce qu'on doit prendre au soir, ce qu'on doit prendre à ieun,
Selon le naturel & le goust de chacun :
Mais que ne fait du vin la diuine puissance ?
Ainsi que la Cuisine, il donne la vaillance,
Ainsi que la Cuisine, il prend part au combat,
Mais où par son amy le bon amy s'abbat,
Où pour rondache on tient la tasse ronde & pleine,
Où l'on chet sous la table, & non dessus la plaine,
Où l'on ne cognoist point d'autres mortalitez
Que celles qui se font à force de santez :
Le combat de Bacchus en delices abonde,
Et luy seul en beuuant a conquis tout le monde :
Aussi dés qu'il paroist chacun en veut taster,
On s'attaque, on se choque, on ne peut s'arrester :
Mais ce n'est pas assez declarer sa puissance,
Ainsi que la Cuisine, il donne la science,
La verité n'est point dans vn puits ny dans l'eau,
C'est dans le vin qu'elle est, c'est au fonds d'vn tonneau :
Le vin faisant causer, instruit en Rhetorique,
En faisant des raisons, on apprend la Logique,
On ne peut sans le vin mettre à cheual vn vers,
Le vin montre en plein iour cent mille astres diuers,
Comme on void en plein iour, sans lunettes d'approches,
L'horoscope des plats, & l'ascendant des broches.

   A tant Gomor se teut pour prendre du repos,
Les broches & les plats furent ses derniers mots :

Mercure le patron de la vraye eloquence
Ne pouuant plus long temps souffrir son impudence,
Raccourcit ses deux pieds ; de ce baston aussi
Qu'il tenoit en sa main, fait vn pié raccourcy :
Apres sur ces trois pieds, il rendurcit son ventre,
Fait qu'auec l'estomach toute sa teste y rentre,
Ses deux bras attachez au col comme iadis
Sur le ventre tombant, sont en ance arrondis :
Le collet du pourpoint s'élargit en grand cercle ;
Son chappeau de Docteur s'applatit en couuercle,
Son chappeau qui luy sert ainsi qu'auparauant,
Et qui comme il couuroit vne teste à l'éuant
Desormais sert encore à couurir la fumée
Qui s'exhale de l'eau qu'il n'a iamais aimée ;
Son ventre, au lieu de vin, reste tousiours plein d'eau,
Où cuisent sa poitrine, & sa teste de veau ;
En fin par la vengeance & iustice diuine,
De Gomor il deuient Marmite de Cuisine,
Pour l'auoir tant loüée, & pour estre si vain
Que d'oser censurer vn Poëte plus qu'humain ;
Car ainsi qu'il blasma cette Metamorphose
Qui fait d'vne nauire vne si noble chose,
D'vn homme qu'il estoit, Gomor fut transformé
En ce vil instrument qu'il auoit trop aimé.

EPIGRAMMES.

QVAND *deſſous le nom de Gnathon*
I'accuſe vn Paraſite infame,
Quand ie dy que c'eſt vn glouton
Qui ſeul toute vne table affame;
   Quand ie dy qu'il va tous les iours
Chercher quelque part dequoy frire,
Quand ie dy que ſes ſots diſcours
Arment contre luy la Satyre;
   Tu dis que ie ſuis médiſant,
Et qu'on voit meſme en le taiſant
A qui cet Eloge s'applique;
   Ie ne l'auois pas dit encor,
Mais puisque c'eſt la voix publique,
Cet homme, il eſt vray, c'eſt Gomor.

CHER *Philidor, ie ne ſçay pas*
En quel quartier Gomor demeure,
Mais ie le rencontre à toute heure,
Exceptez l'heure du repas.

DIEV que l'enfance fait conneſtre
Ce qu'au bout d'vn temps on doit eſtre!
Pour eſtrene au petit Gomor
On fit preſent d'vne ſauciſſe,
Il n'en auoit point veu encor
Tant il eſtoit ieune & nouice:
On la luy met deſſus le gril,
Mais auſſi toſt, s'eſcria-t'il,
Maman, maman elle appetiſſe,
O merueille en cet aage là!
Il la prit malgré ſa Nourriſſe,
Et toute chaude l'auala.

GOMOR ce Goinfre remarquable
Saoul de viandes, & non las,
Vn iour, apres vn grand repas,
Se laiſſa tomber ſous la table,
Lors dit vn amy charitable,
Meſſieurs ne vous eſtonnez pas,
C'eſt qu'il ſent qu'on diſne là bas.

GOMOR eſtant à table auec certains Pedans
Qui crioient & preſchoient trop haut ſur la vendage,
Luy qui ne ſonge alors qu'à ce que font ſes dents,
Paix-là, paix-là, dit-il, on ne ſçait ce qu'on mange.

GOMOR *ce fameux Parasite,*
Ayant souffleté son valet,
Le valet en son cœur medite
D'auoir raison de ce soufflet :
Mais pour en tirer la vengeance
Il se trouue bien empesché;
Car de luy voler sa finance,
Gomor n'a point d'argent caché;
De l'empoisonner, c'est vn crime
Plus grand que le mal qu'il a fait,
Et quand il trouueroit l'action legitime,
Il n'en peut venir à l'effet,
Car iamais au logis Gomor ne boit ny mange:
En fin il trouue vn chastiment,
Qui sans aucun forfaict le vange,
On sçait que ce fameux gourmand
Tous les iours à midy chez quelque Grand se range,
Que fait donc le valet? ô fourberie étrange!
A dessein que son maistre ou jeusne ou disne mal,
Il fait tarder sa montre, & boitter son cheual.

PAR *dessus les plus raffinez,*
Gomor d'auoir bon nez se vante,
Il n'est cuisine qu'il n'éuante,
N'est-ce pas auoir fort bon nez?

GOMOR non pour auoir trop leu,
Ains pluſtoſt pour auoir trop beu,
Eut en fin fort mal à la veüe;
Alors luy dit le Medecin,
Le vin pour vous eſt vn venin,
Si vous en beuuez, il vous tuë;
Mais ſi vous en vouliez frotter
Vos yeux, cela pourroit oſter
Cette inflammation extreme;
Adonc Gomor luy repartit,
Mais ſi i'en beuuois tant, que des yeux il ſortiſt,
Monſieur, ſeroit-ce pas de meſme?

IE n'en veux point faire le fin,
De Gomor ie crains la rencontre,
Car il eſt enragé de faim,
Et i'ay compoſé des vers contre,
Ce ne ſeroit pas ſans danger
Que ie ſouffrirois ſes approches,
Il me feroit mille reproches,
Bref c'eſt vn homme à me manger.

GOMOR *rit de ces delicas*
De qui les langues trop friandes
Ne sçauroient iamais faire cas
Sinon de certaines viandes;
Le bon homme trouue tout bon,
Soit veau, soit bœuf, ou soit mouton,
Soit ou fricassée ou grillade,
Soit de goust trop haut ou trop fade,
Il a le goust vniuerfel,
Et pour dire en bref c'eft vn maiftre
Dont l'appetit furnaturel
Va iufqu'à la bonté de l'eftre.

GOMOR *ne fut iamais malade,*
Qu'il boiue foir, boiue matin,
Qu'il boiue biere, boiue vin,
Mange iambon, mange falade,
Iamais homme ne fut plus fain,
Il ne fe plaint iamais que de n'eftre pas plein.

I'APPRENDS *de Gomor aujourd'huy*
Vne chofe vrayment notable,
C'eft qu'il ne fort iamais de table,
Et cecy n'eft point vne fable,
Il faut l'ofter de deuant luy.

GOMOR seroit bien amoureux,
Pourquoy non? il est fort & roide,
Et son œil tout brillant de feux
Montre qu'il n'a l'eschine froide;
Il n'est point amoureux pourtant,
Craint-il d'estre chagrin & blesme?
Ie l'ay veu passer maint Caresme
Qu'il estoit & frais & content;
Et puis quand il fait des ouurages
De deux ou trois petites pages,
Il faut bien qu'il ait d'autres soins;
Ah ie voy bien ce qu'il redoute,
C'est qu'il aime à manger sans doute,
Et qu'vn amoureux mange moins.

DE tous ceux qui sont à la table
Gomor est des Chiens mieux aimé,
Non pas qu'estant moins affamé
Il soit pour eux plus accostable,
Quand il void quelque Chien à ieun,
Bien loin de luy faire caresse,
Il le chasse comme importun;
Mais c'est que Gomor a l'addresse
De faire plus d'os que pas vn.

SI *tu ne connois pas encor*
Le fameux & rare Gomor,
Voicy comme on le peut conneſtre ;
En Chaire on ne le void pareſtre,
Deſſus les Bancs encore moins,
Il ſe rit bien de tous ces ſoins ;
Pour le Conſeil il n'y va gueres,
Ce n'eſt pas vn homme d'affaires,
La promenade ny le Cours
N'ont rien pour luy de delectable ;
Mais veux-tu deux iours tenir table ?
Tu le connoiſtras dans deux iours.

QVOY *que Gomor ſoit en opprobre*
Pour auoir chez autruy mangé trop & trop beu,
Chez ſoy pourtant Gomor eſt ſobre,
Il n'y trouue rien me dis-tu,
Cela, c'eſt vn autre myſtere,
Mais touſiours au moins ſçait-il faire
De neceſſité vertu.

GOMOR, *i'ay deſſein de te ſuiure,*
Et iuge qu'il n'eſt rien de tel,
Boire bien, manger bien, c'eſt le moyen de viure,
Puis que meſme par là tu te rends immortel.

QV'EST-CE que *Gomor? vn ſçauant?*
  Point du tout, il cite ſouuent,
Mais il nous en fait bien à croire;
Eſt-ce quelque donneur d'auis?
Il en pourroit auoir la gloire
Si ſes conſeils eſtoient ſuiuis;
Eſt-ce point vn homme à ſe battre?
Rien moins, il eſt fort comme quatre;
Mais quoy qu'il ſoit ſouuent battu,
Il n'a pourtant iamais querelle,
C'eſt donc quelque homme de vertu?
C'eſt vne bonté naturelle,
Qu'eſt-ce que Gomor apres tout?
Vn aſne qui mange & puis

ON auoit déguiſé *Gomor* en honneſte homme,
C'eſtoit au Mardy *gras où chacun s'éjoüit,*
Nul ne le reconnut, mais ſi toſt qu'il ouyt
Pour la collation marcher vin, poire & pomme,
De ſon cœur toute feinte alors s'éuanoüit,
Et ſans leuer le maſque, il fit ſi bien en ſomme,
Que ceux qui iuſques-là ne l'auoient veu encor
S'écrierent tout haut, c'eſt Gomor, c'eſt Gomor.

POVRQVOY tousiours blasmer Gomor
   D'aimer à faire bonne chere?
N'est-il pas plus blasmable encor
S'il aduient qu'il ne mange guere?
Car si le bon homme est vn sot,
Comme il n'est que trop veritable,
Est-il iamais plus supportable
Que quand il mange & ne dit mot?

POVRQVOY contre Gomor chacun escrit-il tant?
   Que le monde est critique, & se plaist à medire!
Tout ce qu'il fait de mal, il mange & boit d'autant,
Voila de grands sujets pour faire vne Satyre;
Outre cela, dit-on, il n'a gueres d'esprit,
Et ne peut rien respondre à tout ce qu'on escrit;
Je trouue qu'il en a, s'il trouue dequoy frire,
Et qu'il fait cent fois mieux de disner que d'escrire.

QVOY que Gomor soit vn Cheual,
   Il sent fort bien dés qu'on le touche,
Pourquoy le piquer tant, & le traiter si mal?
N'aucüons nous pas tous qu'il a fort bonne bouche?

VOVS en auez menty Pasquin,
   Et fussiez-vous la voix publique,
Gomor aux attaques replique,
Il boit deux fois pour vne, est-ce vn trait de faquin?

GOMOR a tousiours tant de faim,
Qu'à sainct Roch il prendroit son pain,
Et malgré mesme, ce dit-on,
Son Chien, sa peste & son baston.

L'AVTRE iour à la Charité,
Apres le Sermon du sieur Goffre,
Pour vn acte d'humilité,
La seruiette à Gomor on offre,
Il se resiouyt de cecy;
Car il pensoit manger aussi.

FVYONS aujourd'huy la Satyre,
La bonne Feste nous l'enjoint;
Parlons de Gomor sans mesdire,
C'est à dire n'en parlons point.

REVEREND Pere Confesseur,
J'ay fait des vers de médisance,
Contre qui? contre vn Professeur;
La personne est de consequence,
Mon Pere, c'est contre Gomor;
Hé bien bien, acheuez vostre Confiteor.

QVE Gomor est ingenieux !
Que son artifice est extreme !
Et que de tous ses enuieux
Le dessein se combat soy-mesme ?
On a fait des vers contre luy
Pour le bannir des bonnes tables,
Et voyla, ces vers auiourd'huy
Luy sont deuenus profitables ;
Par cœur il les a tous appris,
Et deuant les plus beaux esprits
Il les debite auec audace :
Ainsi de la malice enfin il vient à bout,
Car ce qu'elle a trouué pour faire qu'on le chasse,
Fait qu'il est bien receu par tout.

GOMOR, à ce que l'on m'a dit,
N'a point dessein de nous respondre ;
Mais pretend mieux que par escrit
Bien tost ses ennemis confondre ;
Il veut peut estre dés demain
Qu'ils viennent auec luy manger tous à sa table,
A sa table ! auec luy ! l'irreconciliable !
Il veut qu'ils meurent tous de faim.

GOMOR en vn fameux repas,
Auoit Perdrix en poche mise,
Qu'à son logis entre deux plats
Il met comme en lieu de franchise;
Lors qu'vn Chat le maistre des Chats
Bien & beau vous le deualise;
Gomor aussi tost s'en aduise,
Et ce fut assez piteux cas,
Il est outré de faim, & de sa Perdrix prise,
Que fait donc le pauure homme? ô rage! ô gourmandise!
Qui le sçait si ie ne le dis?
Et qui le pourra croire encor que ie le dise?
Il deuore le Chat pour manger la Perdrix.

GOMOR approchant du passage
Ou souuent l'homme le plus sage
Se trouue interdit & confus,
S'écrioit d'vn piteux langage
Helas ne mangeray-ie plus?
Quand on luy respond, prends courage,
Prends courage braue Gomor,
Nous t'allons faire vn grand potage
Que tu pourras manger encor.

ON difoit à Gomor, le voyant hydropique,
  Qu'il eftoit auffi gros qu'on muy,
A quoy ce bon beuueur replique,
Que ne fuis-ie plein comme luy !

VN iour le grand Gomor cet ennemy de l'eau,
  Comme on parloit des maux qui fuiuent le tombeau,
Ie ne craindrois, dit-il, ny l'horreur infernale,
Ny tout ce que là bas on peut faire endurer,
Helas ! ie ne craindrois que les eaux de Tantale,
Bien qu'il me fuft permis de m'y defalterer.

GOMOR eut efprit & memoire,
  Mais pour trop manger & trop boire
En enfance il eft retourné ;
Parler contre luy, c'eft folie,
Ce qu'il fait luy-mefme, il l'oublie,
Et fouuent difne ayant difné.

GOMOR n'eftoit point fi blafmable,
  Quoy qu'on ait de luy mal parlé,
Il eut des qualitez qui le rendoient aimable,
Entr'autres celle-cy qui n'eft pas peu notable,
Il ne fe fit iamais attendre à table,
Car il y vint toufiours fans y eftre appellé.

RONDEAV.

CASSADE est vn mot dont vsa
Qui sur le ieu du Hoc glossa,
Homme de vertu non commune,
Et que d'eminente fortune
Le Ciel aussi favorisa;
   Tres-bien donc nous desabusa
Qui premier Gomor accusa
Que tous ses discours n'estoient qu'vne
   Cassade;
Mais si d'ailleurs faux discours a,
Iamais Gomor ne déguisa
Au faict de sa faim importune,
Faim qui soit iour ou soit nuict brune
Ne passe & ne va iamais à
   Cassade.

EPITAPHES.

ICY gist qui pouuoit viure bien dauantage,
Mais la mort dédaignant de mesurer son aage
Compta combien il auoit beu,
Et creut qu'il auoit trop vescu.

ICY n'est plus qu'vn reste d'os,
Gomor qui n'eut point de repos
Tant qu'il vid quelques os de reste,
Passant pleure sa mort funeste;
Il faisoit autant de ses dents
Que Samson auec sa maschoire;
Mais las au bout de quelques ans
Le Temps enuieux de sa gloire,
Le Temps, ce Glouton enragé,
Luy-mesme à la fin l'a mangé.

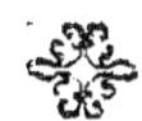

CY gist cet affamé de tous les morceaux gras;
Bien m'en prit, ô passant, qu'il ne me connut pas.

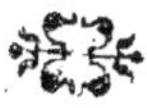

Sur son changement en Marmite.

TOY qui vois qu'on remplit cette marmite d'eau,
  D'un yurogne parfaict le corps & le tombeau;
Le Ciel icy te donne une leçon bien ample;
Tes iours comme les siens doiuent prendre leur fin,
  Apprends donc par ce bel exemple,
  Que l'on met tost ou tard de l'eau dedans son vin.

CELVY n'a pas mal reussy
  Qui composa tous ces vers cy;
  De Gomor on y voit l'image,
  Peu d'esprit & prou de langage.